HECHOS

SORPRENDENTES

Martineau, Susan
    Hechos sorprendentes / Susan Martineau ; ilustraciones Vicky
Barker ; traducción Diana López de Mesa. -- Editor Julián Acosta
Riveros. -- Bogotá : Panamericana Editorial, 2021.
    48 páginas : ilustraciones ; 25 cm. -- (Jóvenes científicos)
    Título original : Facts
    ISBN 978-958-30-6225-4
    1. Infografías - Literatura infantil 2. Historia natural - Literatura
infantil 3. Animales - Literatura infantil 4. Curiosidades - Literatura
infantil I. Barker, Vicky, ilustradora II. López de Mesa O., 1981-   ,
traductora
III, Acosta Riveros, Julián, editor IV. Tít. V. Serie.
I001.4226 cd 22 ed.

Primera reimpresión, abril de 2023
Primera edición en Panamericana Editorial Ltda.,
enero de 2021
Título original: *Facts*
Textos e ilustraciones Derechos reservados © b small
publishing 2015
Publicado por primera vez en Reino Unido como FACTS por b
small publishing ltd.
Publicado por acuerdo con b small publishing ltd., con IMC,
Agència Literària, España
© 2015, b small publishing
© 2020 Panamericana Editorial Ltda., de la versión en español
Calle 12 N.º 34-30. Tel.: (57) 601 3649000
www.panamericanaeditorial.com
Tienda virtual: www.panamericana.com.co
Bogotá D. C., Colombia

Editor
Panamericana Editorial Ltda.
Edición
Julian Acosta Riveros
Traducción del inglés
Diana López de Mesa O.
Ilustraciones y diseño
Vicky Barker
Diagramación
Paula Forero

ISBN 978-958-30-6225-4

HECHOS
SORPRENDENTES

POR SUSAN MARTINEAU

DISEÑO E ILUSTRACIONES DE
VICKY BARKER

¡Busca la
PALABRA CURIOSA
en cada
doble página!

PANAMERICANA
EDITORIAL
Colombia • México • Perú

CRIATURAS VERDES DE LA SELVA HÚMEDA

BOA ESMERALDA

Cuando es joven, esta serpiente no es verde sino naranja rojiza. Permanece en los árboles, donde se alimenta de ratas, lagartos y monos.

SELVA HÚMEDA TROPICAL

Crece alrededor de la parte media de la Tierra, donde siempre hace calor. Es húmeda y contiene una asombrosa variedad de plantas y animales.

GUACAMAYO VERDE

Los guacamayos son los loros más grandes del mundo. Usan sus fuertes picos en forma de gancho para partir nueces y semillas.

RANA ARBORÍCOLA DE LABIO BLANCO

Esta rana puede ser de color verde o verde parduzco, pero su labio inferior siempre es blanco. Tiene grandes patas con dedos palmeados y es una fantástica trepadora de árboles. ¡Las ranas macho también pueden ladrar como perro!

MANTIS RELIGIOSA

Este insecto se ve como un extraterrestre, con su cabeza triangular y sus enormes ojos. Sus patas delanteras puntiagudas permanecen dobladas, por lo que parece que estuviera rezando.

TUCUNARÉ

Este feroz pez es un cazador muy determinado. No se rinde si pierde su presa en el primer intento, la cual, por lo general, se traga entera.

ARBÓREO

significa que vive en los árboles. Es muy útil ser una criatura arbórea si vives en una selva húmeda.

PITÓN ARBORÍCOLA VERDE

La cola de esta pitón tiene un color diferente al resto de su cuerpo. Esta serpiente puede moverla para que parezca un gusano y atraer presas.

GECKO GIGANTE DE MADAGASCAR

Es un colorido gecko con manchas rojas sobre su lomo o su cabeza. Vive en Madagascar, una isla selvática frente a la costa sureste de África. Puede llegar a medir 25 cm de largo.

HAMACA DE EXPLORADOR

Es la forma más cómoda de dormir en la selva. Las mejores hamacas tienen un mosquitero para protegerte de los bichos.

HOJAS DE LA SELVA HÚMEDA

La mayoría de las hojas de los árboles de la selva húmeda tienen una superficie brillante para que la lluvia se resbale sobre ellas con facilidad.

VICTORIA AMAZÓNICA

Las hojas de esta planta pueden llegar a medir 2,5 metros de ancho. Son tan fuertes que un bebé podría sentarse sobre una de ellas.

HOGAR ESPACIAL

ESTACIÓN ESPACIAL INTERNACIONAL

Este laboratorio en funcionamiento es el hogar de astronautas de muchos países. Es más grande que una casa de seis alcobas y orbita a 386 km de altura sobre la Tierra.

VISTA DESDE EL ESPACIO

La tripulación puede ver la salida y puesta del sol dieciséis veces al día, ya que la estación espacial orbita (es decir, gira alrededor de) la Tierra cada noventa minutos. La vista es espectacular.

CAMINATA ESPACIAL

Ocurre cuando los astronautas salen de la estación espacial para reparar algo o llevar a cabo un experimento. Una caminata espacial suele durar entre cinco y ocho horas, dependiendo de la tarea que se deba realizar.

BROCHES Y CORREAS

Todo, incluso objetos muy pesados, flota en la estación espacial porque la fuerza de gravedad, que normalmente empuja las cosas hacia el suelo en la Tierra, no es tan fuerte en el espacio. Los broches, las correas y el velcro son fundamentales para mantener las cosas donde puedas encontrarlas.

COMIDAS ESPACIALES

La comida ya viene lista para comer en empaques especialmente preparados. No se necesitan platos. A veces, un vehículo de carga lleva fruta fresca, ¡pero no hay repartidores de pizza en el espacio!

MICROGRAVEDAD

implica que, incluso los objetos grandes, parecen no pesar nada, y que las personas y objetos pueden flotar. Solo hay una pequeña (micro) cantidad de gravedad en la estación espacial que orbita la Tierra.

BACINILLA ESPACIAL

Este es un inodoro con un sistema de succión que funciona como una aspiradora, para asegurar que todo sea succionado a un tanque de desechos. ¡Sigue siendo muy importante apuntar bien!

CABINA DE LA TRIPULACIÓN

Cada astronauta tiene una cabina diminuta en la que solo cabe una persona. Es necesario colgar en las paredes los sacos de dormir para que no se vayan flotando.

EMBUDO DE ORINA

Este embudo amarillo atrapa la orina que luego se recicla en agua limpia. El agua es muy valiosa en el espacio.

BEBIDAS EN EL ESPACIO

Los astronautas beben de recipientes herméticos con pajillas para evitar que las gotas se escapen. Las gotas de agua son muy peligrosas dentro de la estación espacial, pues pueden flotar y dañar los equipos.

EJERCICIO

Los huesos pueden debilitarse mucho en el espacio; por ello, la tripulación debe ejercitarse por lo menos dos horas al día para mantenerlos fuertes.

ANIMALES DE SERVICIO

PERROS DETECTIVES

Los perros rastreadores están entrenados para encontrar drogas ilegales, armas, explosivos o sangre en las escenas del crimen. Por su parte, los perros de búsqueda se emplean para encontrar personas y cuerpos desaparecidos.

PERROS DE GUERRA

Los perros se han usado en tiempos de guerra desde la Antigüedad. ¡Se dice que el sargento Stubby, un boston bull terrier, capturó a un espía durante la Primera Guerra Mundial!

EL GATO SIMON

Simon era el gato del capitán en el HMS Amethyst durante la Segunda Guerra Mundial. A pesar de que fue herido, siguió animando a todos durante un terrible ataque.

CACERÍA CON ÁGUILAS

El pueblo kazajo, ubicado al oeste de Mongolia, usa águilas reales para cazar zorros y liebres. Las entrenan desde que son aguiluchos, pero siempre las regresan a la naturaleza después de algunos años de cacería.

DOMESTICADO

se usa para describir mascotas u otros animales que están entrenados para vivir o trabajar con los humanos.

DOCTORA RATA

En Tanzania, África, hay ratas entrenadas para olfatear la saliva humana y detectar si una persona tiene una desagradable enfermedad llamada tuberculosis. Las ratas pueden hacer esto en minutos, lo que significa que la persona puede recibir atención inmediata.

HABILIDADES OLFATIVAS

Los perros pueden ayudar a los científicos a encontrar especies amenazadas, como los abejorros. También pueden detectar el cáncer en humanos e indicarles a las personas con diabetes cuándo necesitan su medicamento.

CHUPASANGRES

A las sanguijuelas les gusta chupar la sangre de los mamíferos, incluyendo los humanos. Los médicos las usan para crear un buen flujo de sangre cuando se injerta piel de una parte del cuerpo sana a una parte lesionada.

MAMÍFEROS MARINOS BUSCAMINAS

La Marina de los Estados Unidos usa delfines y leones marinos para encontrar y marcar objetos sospechosos en el océano, como minas (bombas en el mar). Los delfines emplean su habilidad de ecolocación y los leones marinos son muy buenos para ver en aguas oscuras y turbias.

MEJORES AMIGOS CANINOS

Los perros lazarillos están entrenados para ayudar a las personas ciegas en casa y fuera de ella. Por otro lado, los perros señal empujan o le dan su pata a una persona sorda para alertarla de los ruidos, como el teléfono, el timbre o una alarma.

VALIENTES EXPLORADORES DEL MUNDO

AMELIA EARHART

Fue conocida como la Leyenda Alada. En 1932, se convirtió en la primera mujer en volar a través del Atlántico por su cuenta. Desapareció en 1937, mientras intentaba volar alrededor del mundo.

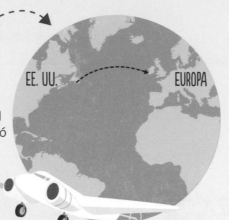

EE. UU.   EUROPA

JOHN CABOT

En 1947, Cabot y sus hijos se embarcaron en un pequeño barco llamado Matthew con solo dieciocho hombres. Salieron de Bristol, Inglaterra, hacia la costa estadounidense y probablemente desembarcaron en Cabo Bretón, Nueva Escocia. ¡Al principio, Cabot creyó que había llegado a China!

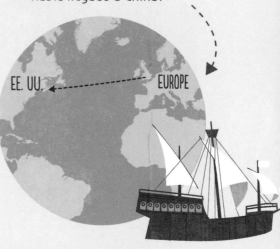

EE. UU.   EUROPE

PERÚ

POLINESIA

THOR HEYERDAHL

Quería probar que los indígenas de Suramérica podrían haber navegado hasta las islas polinesias en el océano Pacífico. En 1947, partió en una sencilla balsa de madera conocida como Kon-Tiki. Lo logró a pesar de los ataques de los tiburones y la falta de agua fresca.

ROALD AMUNDSEN

El explorador polar noruego no solo fue la primera persona en llegar al Polo Sur en 1911, sino que también descubrió una ruta desde el océano Ártico hasta el océano Pacífico llamada el Paso del Noroeste.

JACQUES PICCARD Y DON WALSH

Se convirtieron en las primeras personas en llegar a la parte más profunda que se conoce del océano en su batiscafo, un submarino especial. En 1960, descendieron 10 915 metros, hasta el abismo de Challenger en la fosa de las Marianas, en el océano Pacífico.

FOSA DE LAS MARIANAS

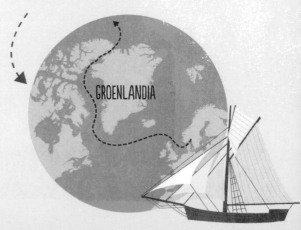

GROENLANDIA

FERNANDO DE MAGALLANES

El explorador portugués partió en 1519 con cinco barcos y cerca de 260 hombres. Solo un barco y dieciocho hombres lograron darle la vuelta al mundo. Llegaron a casa tres años después, en 1522. Lamentablemente, el propio Magallanes no sobrevivió al viaje.

NIGERIA

CAMERÚN ALEMÁN

MARY KINGSLEY

Entre 1893 y 1894, esta intrépida mujer vagó por la selva del Congo, en África occidental, a pie y navegando en una canoa río arriba. Recolectó especímenes para el Museo de Historia Natural de Londres.

Ruta a pie

Ruta en canoa

CONGO FRANCÉS

NORTEAMÉRICA

EUROPA

ASIA

ÁFRICA

OCEANÍA

SURAMÉRICA

YURI GAGARIN

Fue el primer hombre en viajar al espacio. El 12 de abril de 1961 tuvo lugar el lanzamiento de su nave espacial Vostok, en Rusia. Gagarin tardó una hora y 48 minutos en darle la vuelta a la Tierra.

BURKE Y WILLS

En 1860, Robert Burke y William Wills salieron con el objetivo de atravesar Australia de sur a norte. Llegaron a los pantanos de la costa norte, pero tuvieron que devolverse debido a que se les estaban acabando las provisiones. Lamentablemente, ambos murieron en el viaje de regreso.

AUSTRALIA

MELBOURNE

LA PALABRA CURIOSA

CIRCUNNAVEGAR

significa viajar alrededor de algo; en este caso, del mundo.

CASTILLO ASEDIADO

EL SITIO

Los castillos eran el hogar del señor, su familia y sus seguidores, pero también debían ser fortalezas de piedra resistentes para evitar los ataques enemigos. Un ataque a un castillo se conoce como sitio. Los sitios podían durar mucho tiempo.

EL ALMENAR

Este tenía almenas (huecos) y merlones (tablas sólidas) para que las personas que defendían el castillo pudieran disparar y arrojar cosas a los atacantes por las almenas, así como esconderse detrás de los merlones.

EL PATIO DE ARMAS

Los castillos eran como pequeños pueblos dentro de sus enormes muros. En el patio de armas había animales, establos e instalaciones para hacer pan y cerveza. Esto era muy importante durante un sitio, ya que no podían entrar provisiones.

LA GUARNICIÓN

Los soldados que defendían el castillo conformaban la guarnición. Estaban armados con ballestas y arcos largos.

EL FUNDÍBULO

También conocido como la máquina del sitio. Era como una enorme catapulta con un brazo que se balanceaba y que podía lanzar piedras gigantes para destruir el castillo. A veces, se usaba para lanzar animales muertos al castillo y así tratar de propagar enfermedades.

EL RASTRILLO

Esta pesada puerta de madera en la entrada se construía con hierro para que fuera muy resistente. Se sellaba para aislar el castillo de los atacantes. Los soldados enemigos intentaban abrirse camino derribándola con un ariete.

EL TORREÓN

También conocido como la torre del homenaje, podía verse a kilómetros de distancia e indicaba cuán poderoso era el señor.

EL DORMITORIO DEL SEÑOR Y LA SEÑORA

El señor y su familia tenían habitaciones privadas en la torre principal o torreón. Todos los demás en el castillo dormían en sus lugares de trabajo o en el gran salón.

EL GRAN SALÓN

Era el centro de la vida en el castillo. Allí comía la gente, se les daba la bienvenida a los invitados y dormían los sirvientes. Por lo general, estaba en un piso del torreón.

LAS LETRINAS

¡Eran los baños! Los soldados podían incluso atacar un castillo trepando por el hueco de las letrinas que desembocaba fuera de los muros del castillo hasta el foso.

EL FOSO

Era una zanja profunda llena de agua. Rodeaba el castillo y frenaba temporalmente a los atacantes. Los enemigos podían llenar el foso con piedras y troncos de árboles para cruzarlo.

LA PALABRA CURIOSA

FORTIFICACIÓN

es un muro u otra estructura fuerte construida para defender un lugar de los ataques.

CAMUFLAJE INTELIGENTE

HACERSE EL MUERTO

Cuando junta sus alas, la mariposa hoja seca parece exactamente una hoja seca. Incluso las venas de la parte de abajo se parecen a las de una hoja. ¡No es de extrañar que su otro nombre sea mariposa hoja muerta!

CAMUFLAJE

Muchas de las criaturas salvajes son difíciles de ver debido a que su forma o color les ayuda a confundirse con el entorno en el que viven. El camuflaje les ayuda a los animales a esconderse de los depredadores o a cazar presas.

FALSA AVISPA

El escarabajo avispa finge ser una avispa con sus franjas de advertencia amarillas y negras. Parecer más feroz de lo que es le resulta útil para protegerse.

SAPO INVISIBLE

Las ranas y los sapos de la selva húmeda deben ser capaces de esconderse de los hambrientos depredadores. El sapo cornudo asiático puede confundirse en su entorno con un lecho de hojas podridas.

CERVATILLO OCULTO

Las crías de ciervo recién nacidas tienen manchas sobre su pelaje, que semeja los rayos de luz cuando atraviesan el follaje en el bosque. Se mantienen muy quietos para que los depredadores no puedan verlos.

TIBURÓN CON MANCHAS

El tiburón alfombra o tiburón manchado es una especie de tiburón plano que tiene un patrón de color amarillo pálido o café verdoso con manchas. Este es un camuflaje fantástico para acechar en toda clase de lechos marinos. ¡Puede darte una horrible mordida si lo pisas!

LA PALABRA CURIOSA

MIMETISMO

es cuando una criatura finge ser otra cosa para protegerse o encontrar una presa.

PELAJE ÁRTICO

El hermoso zorro ártico es oscuro en verano y blanco en la nieve invernal. Su espeso pelaje cubre también las almohadillas de sus patas.

RAYAS BRILLANTES

Cuando las cebras permanecen juntas, se ven como una masa confusa de patrones blancos y negros, lo cual le dificulta al león capturar alguna. En la bochornosa bruma de África, las rayas de las cebras se hacen borrosas.

Tigre

FELINOS INVISIBLES

Leopardos, ocelotes, jaguares y tigres son miembros de una familia de felinos con hermosas manchas de camuflaje. Pueden confundirse con su entorno para cazar a sus presas.

Ocelote

SEPIA DE COLORES CAMBIANTES

Son maestras del disfraz y pueden cambiar su color y la textura de su piel para coincidir con diferentes tipos de lechos marinos. ¡Incluso pueden disfrazarse como grupos de algas marinas flotantes!

Jaguar

Leopardo

DE CABEZA EN LA ANTIGÜEDAD

LA PODEROSA MESOPOTAMIA

Mesopotamia, también conocida como la "cuna de la civilización", estaba situada en el actual Irak. Allí, hace unos cinco mil años, las personas empezaron a construir ciudades, hacer leyes y usar inventos como la rueda y la escritura.

LOS MAESTROS CONSTRUCTORES SUMERIOS

Los sumerios fueron el primer pueblo que se estableció en Mesopotamia. Se enriquecieron gracias a la agricultura y construyeron zigurats, enormes templos donde adoraban a sus dioses.

UN ANTIGUO JUEGO EGIPCIO

Los antiguos egipcios disfrutaban los juegos de mesa. El más popular era el senet, un juego parecido al ajedrez. Se creía que el ganador contaba con la protección de los dioses. Se han hallado juegos de senet en las tumbas de los faraones.

COMERCIANTES FENICIOS

Los fenicios eran expertos marineros que vivían a orillas del mar Mediterráneo. Navegaban en sus grandes barcos comerciando oro, joyas, vino, especias y vidrio.

ESCUELAS GRIEGAS

En la antigua Grecia, solo los niños varones iban a la escuela. En escenas pintadas en cerámicas podemos ver que usaban un palo puntiagudo, llamado *stylus*, para grabar sus lecciones en una tableta de cera.

EL EMPERADOR DE LA ANTIGUA CHINA

El primer emperador de China, Qin Shi Huang, logró versiones estándares de monedas, escritura y leyes en todo el imperio. También dejó para la posteridad una asombrosa tumba con miles de soldados de arcilla.

ESTRATEGIAS DEL EJÉRCITO ROMANO

Los romanos tenían el mejor ejército del mundo. Escritos de la época describen una de las técnicas de batalla llamada *testudo* ("tortuga" en latín), en la cual los soldados unían sus escudos para protegerse.

LA PALABRA CURIOSA

ARQUEÓLOGO

es alguien que examina construcciones y objetos antiguos para descubrir cómo vivía la gente en el pasado. Son como detectives de la historia en busca de pistas.

LOS ARTESANOS MINOICOS

Los minoicos vivieron en la isla de Creta, en el Mediterráneo. Aún puedes visitar los restos de Cnosos, uno de sus palacios. Los minoicos hicieron hermosas pinturas murales, cerámicas y joyas de oro.

LOS MISTERIOSOS OLMECAS DE MÉXICO

Posiblemente los olmecas fueron una de las primeras civilizaciones de Centroamérica. Vivieron antes que los mayas y los aztecas. Tallaron enormes cabezas de piedra y extrañas esculturas que combinaban formas de bebés humanos y jaguares.

EXPLORACIÓN VIKINGA

Gracias a los restos de los barcos vikingos, los arqueólogos saben que estos eran ligeros y veloces. Los vikingos fueron el primer pueblo de Europa en atravesar el océano Atlántico hasta Norteamérica. Llegaron a Canadá hace unos mil años.

FANTÁSTICAS MÁQUINAS VOLADORAS

GLOBO MONSTRUO

En 1783, frente al rey de Francia, los hermanos Montgolfier lanzaron por primera vez un globo de aire caliente con seres vivos en su interior. Un pato, una oveja y un gallo flotaron en una pequeña canasta sostenida por el globo.

DIRIGIBLE

Un inventor estadounidense llamado Charles Ritchel fabricó el primer dirigible inflable o globo dirigible. El piloto se sentó debajo de una enorme bolsa de gasolina, hizo girar una manivela para hacer funcionar la hélice y condujo usando pedales.

EL PLANEADOR DE OTTO

Otto Lilienthal fue un ingeniero alemán que inventó un planeador con alas. Hizo varios vuelos exitosos entre 1891 y 1896; infortunadamente, murió después de estrellarse en 1896.

EL MONJE VOLADOR

En 1010, un monje llamado Eilmer de Malmesbury hizo un par de alas. Las ató a sus manos y pies e intentó volar saltando de una alta torre. Logró avanzar unos 200 metros antes de caer y romperse ambas piernas. ¡Auch!

MULTIPLANOS LOCOS

A principios de la década de 1900, muchos inventores desarrollaron ideas de aeroplanos con múltiples alas, pero la mayoría de ellos apenas se despegaban del suelo.

PLATILLO VOLADOR

La NASA ha estado trabajando en un vehículo espacial propulsado por cohetes con forma de platillo, que ayudará en futuras misiones a Marte. ¡Su verdadero nombre es desacelerador supersónico de baja densidad!

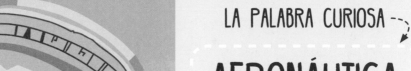

LA PALABRA CURIOSA

AERONÁUTICA

es la ciencia que se dedica a diseñar y construir aviones.

MOTOCICLETAS EN EL CIELO

Los girocópteros parecen un cruce entre una motocicleta y un helicóptero. Pueden volar más bajo que la mayoría de las otras máquinas voladoras y aterrizar en espacios muy reducidos.

HISTORIA DEL AIRE CALIENTE

En 1999, Bertrand Piccard y Brian Jones se convirtieron en los primeros hombres en volar alrededor del mundo en un globo aerostático. Les tomó menos de veinte días hacerlo en su asombroso Breitling Orbiter 3 de gran altitud.

TRAJE AÉREO

Los trajes aéreos modernos fueron inventados a principios de la década de 1990. También se conocen como trajes de alas o de hombres pájaro. Son muy difíciles de controlar y los pilotos deben usar un paracaídas para aterrizar de forma segura.

AUTO VOLADOR

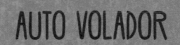

El auto volador de Hall o Convair 118 fue un auto familiar ¡con un avión sobre él! Voló en 1947, pero se destruyó en su tercer vuelo.

LAS FUERZAS EN ACCIÓN

FUERZA

Una fuerza es un empuje o un tirón. Todos los días usamos fuerzas de distintas maneras. Por ejemplo, aplicamos una fuerza al empujar o halar una puerta. También usamos fuerzas cuando levantamos, doblamos, estiramos o apretamos cosas.

FUERZAS EN EQUILIBRIO

Las fuerzas vienen en pares. Cuando una fuerza empuja algo, otra fuerza empuja contra ella. La segunda fuerza es igual a la primera. Cuando te apoyas en una pared tu peso empuja la pared y, al mismo tiempo, la pared empuja hacia ti. De otra forma, ¡te caerías atravesando la pared!

FUERZA Y MOVIMIENTO

La fuerza hace que las cosas se muevan. Puede llevarlas a moverse más rápido o lento, o a cambiar de dirección. Cuando pateas una pelota o la golpeas con un bate, estás aplicando una fuerza.

GRAVEDAD Y PESO

La gravedad es la fuerza que empuja las cosas hacia el suelo. La gravedad que nos empuja hacia abajo a nosotros y a las cosas a nuestro alrededor hace que tengamos peso. Cuando se nos cae algo, es la gravedad la que hace que vaya hacia el suelo. Cuando los cohetes despegan hacia el espacio deben alcanzar una gran velocidad para poder liberarse de la gravedad de la Tierra.

CENTRÍPETA

es el nombre que se le da a la fuerza que impide que te caigas de la silla cuando estás dando una vuelta completa en una montaña rusa. La fuerza centrípeta te mantiene presionado contra la silla.

LA FUERZA DE AGARRE

La fuerza que se produce cuando dos cosas se frotan entre sí se llama fricción. Esta es una fuerza de agarre que en ocasiones resulta útil. Sin fricción en nuestros pies, resbalaríamos y caeríamos. Mucha fricción puede hacer que una máquina no funcione; por eso, se les pone aceite a sus componentes para que haya menos fricción y puedan trabajar sin problemas.

LA FRICCIÓN DEL AIRE

Si lanzas una pelota hacia arriba tiene que deslizarse por el aire. Esto también causa fricción. Esta clase de fricción se conoce como resistencia del aire y es útil si estás cayendo al suelo con un paracaídas, pues te permite disminuir la velocidad.

¡LA FRICCIÓN Y LAS BICICLETAS!

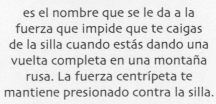

Necesitas fuerza para que tu bicicleta funcione. La fricción te ayuda y también te permite disminuir la velocidad.

La fricción entre la bicicleta y el aire te hace disminuir la velocidad, sobre todo en días ventosos.

La fricción entre los frenos y las ruedas hace que los frenos funcionen.

La fricción ayuda a que tus pies se agarren a los pedales.

La fricción entre las ruedas y el suelo ayuda a que las ruedas tengan agarre, pero la fricción disminuye su velocidad.

DINOSAURIOS AMIGABLES

DIPLODOCO

Este dinosaurio era tan largo como tres autobuses de dos pisos, también tenía un cuello largo y una cola en forma de látigo. Debió tener un estómago enorme para poder almacenar toda la comida que necesitaba para moverse.

BRAQUIOSAURIO

Este dinosaurio era como una enorme jirafa. De hecho, era más alto que tres jirafas juntas y podía comer de las copas de los árboles más altos.

HIPSILOFODONTE

Esta era una clase de dinosaurio conocido como ornitópodo, que significa "pata de ave". Tenía un pico en forma de cuerno, corría en dos patas y se movía en manada para protegerse.

CAMARASAURIO

Este dinosaurio tenía fuertes mandíbulas y dientes en forma de cuchara, muy útiles para comer todo tipo de plantas, incluso las más duras. También tenía gastrolitos, es decir, piedras en el estómago que le ayudaban a triturar la comida.

MEGAHERBÍVOROS

son criaturas enormes que se alimentan de plantas, como el dinosaurio más grande que existió.

TERICINOSAURIO

Estos dinosaurios de cuello largo eran muy altos y sus enormes garras en forma de navajas medían más de 50 cm de largo. Los científicos creen que les servían para agarrar ramas o desenterrar sabrosas raíces.

TRICERATOPS

Este dinosaurio tenía tres cuernos y un cráneo gigante que se prolongaba hacia atrás. Se han encontrado especímenes con cráneos de casi tres metros de largo. También tenía muchos dientes y un pico perfecto para devorar plantas.

ESTEGOSAURIO

Su nombre significa "lagarto con placas", pues tenía placas óseas a lo largo de su lomo. Los científicos creen que estas probablemente le ayudaban al dinosaurio a regular la temperatura. Las púas en el extremo de su cola eran buenas para golpear a los depredadores poco amistosos.

IGUANODONTE

El iguanodonte probablemente podía caminar en dos o cuatro patas. Tenía cinco dedos en cada pata, incluyendo un pulgar con púas, bastante útil para defenderse de los depredadores.

ANQUILOSAURIO

Los dinosaurios herbívoros necesitaban protegerse de los carnívoros y este dinosaurio parecía un tanque blindado. Estaba cubierto de placas óseas y tenía púas en sus costados. Además, tenía una cola pesada en forma de garrote.

AMABLES GIGANTES BAJO EL MAR

TIBURÓN BALLENA

Para fortuna de los buzos, este pez, el más grande del mundo, solo come plancton y peces pequeños. El más grande que se ha encontrado medía 13,5 metros de largo. Cada tiburón tiene un patrón diferente de manchas amarillas, lo cual les ayuda a los investigadores a rastrearlos.

BALLENA AZUL

Puede llegar a ser tan grande como una cancha de baloncesto y es el animal más grande que ha habitado la Tierra. Su peso puede ser el equivalente a 33 elefantes y sus vasos sanguíneos son tan anchos que un humano podría nadar dentro de ellos.

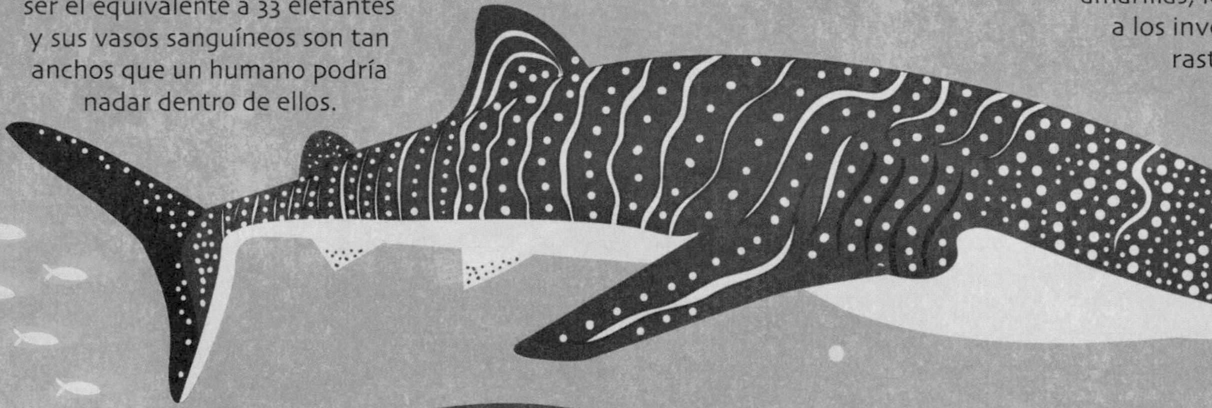

Manatí

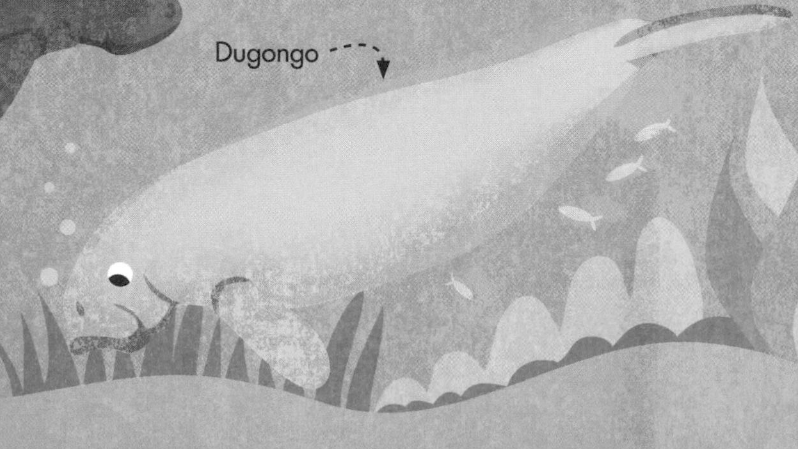

Dugongo

DUGONGOS Y MANATÍS

Las historias antiguas sobre sirenas quizá están basadas en los marineros que vieron a estas tímidas y amables criaturas. También son conocidas como vacas marinas porque pastan en las praderas submarinas.

CETÁCEO

es la palabra que describe al mamífero marino que debe salir a la superficie a respirar. La cetología es el estudio de las ballenas, delfines y marsopas.

NARVAL

Esta asombrosa criatura parece un cruce entre ballena y unicornio. Los machos tienen un cuerno enorme que en realidad es un diente hiperdesarrollado. Algunos narvales tienen dos de ellos.

TIBURÓN PEREGRINO

Esta misteriosa aunque amable criatura se alimenta de plancton con su enorme boca. Puede filtrar el agua de una piscina olímpica en dos horas y llega a ser tan grande como un autobús de dos pisos.

ALMEJA GIGANTE

Estas almejas multicolores son los moluscos más grandes de la Tierra y pueden llegar a medir 1,2 metros de ancho. No hay dos almejas del mismo color y pueden vivir hasta cien años. ¡Se abren y cierran lentamente para atrapar su comida!

PEZ NAPOLEÓN

Es un enorme pez de arrecife de coral que tiene un raro bulto en la frente. Puede vivir hasta treinta años y cambiar de hembra a macho y viceversa. Es muy amigable con los buzos y se acerca para que lo acaricien como si fuera un perro.

TORTUGA LAÚD

Es la más grande de las tortugas marinas. Tiene un caparazón correoso, en vez de uno duro. Come una gran cantidad de medusas, pero a veces confunde las bolsas plásticas desechadas con una sabrosa comida, lo cual puede ser mortal para estas gigantes en peligro de extinción.

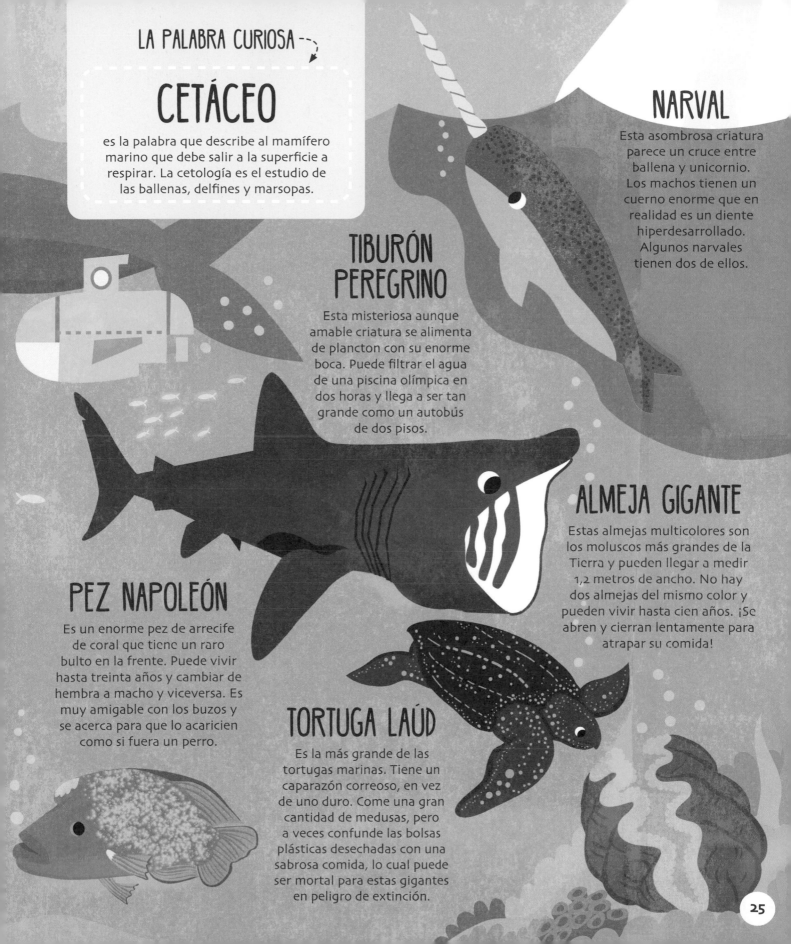

CRITATURAS QUE BRILLAN EN LA OSCURIDAD

COCUYO

Un escarabajo fantástico con dos luces verdes en su tórax y una anaranjada que se "enciende" en la parte de abajo de su cuerpo cuando está a punto de despegar.

LUCIÉRNAGAS

Son escarabajos de la misma familia de los gusanos de luz. Pueden volar y se ven como muchas luces de hadas titilando en los árboles. Los machos destellan en la noche y, si la hembra queda impresionada, le responde con un destello.

GUSANOS DE LUZ

En realidad, no son gusanos, sino escarabajos bioluminiscentes con panzas brillantes. Las hembras brillan para atraer pareja y para advertirles a los depredadores que tienen un sabor repugnante.

FUEGO CHIMPANCÉ

Muchas clases de hongos o setas brillan en la oscuridad. Este se encuentra en la selva de África central y occidental. Mientras brilla, limpia el suelo de la selva al comerse las hojas y la vegetación muertas.

MILPIÉS TÓXICO

En las montañas de California puedes ver milpiés de color azul verdoso brillando en la noche. Los científicos piensan que lo hacen para advertirles a los depredadores que no son comestibles. Son muy venenosos.

BIOLUMINISCENCIA

es la luz que produce un organismo vivo para llamar la atención, asustar enemigos, disfrazarse o encontrar presas en la oscuridad.

CALAMAR VAMPIRO

Esta criatura con nombre aterrador puede hacer un espectáculo de luces intermitentes para ahuyentar a los depredadores o atraer presas. Vive muy profundo en el océano y tiene ojos enormes y brillantes.

TIBURONES LINTERNA

Estos tiburones no solo brillan en la oscuridad, sino que también tienen ojos adaptados para absorber tanta luz como les sea posible en las profundidades del océano. Esto significa que pueden verse entre sí, atrapar comida y evitar a los depredadores.

OLAS DE LUZ

El plancton, compuesto por diminutas y microscópicas plantas y animales marinos, puede hacer que la superficie del mar brille y destelle como un mar de luz mágico.

MEDUSA DE CRISTAL

Muchas medusas brillan en la oscuridad. Cuando una medusa de cristal se molesta, su borde en forma de campana resplandece con un brillo verde.

PEZ ABISAL

Se trata de un pez de aguas profundas ¡que pesca con una "caña de pescar"! Tiene una espina que sale de la mitad de su cabeza y puede retorcerse como si fuera carnada. Luego, atrapa a su presa con su enorme boca y sus largos y puntiagudos dientes.

ANIMALES A ALTA VELOCIDAD

EL CABALLO DE CARRERAS DE LOS INSECTOS

La mariquita es un insecto muy veloz. Los científicos han descubierto que pueden viajar a 60 km/h, más rápido que un caballo de carreras.

SUPERVENCEJOS

Los vencejos son superveloces comedores de insectos. Sus alas son largas y curvas. Pasan la mayor parte de su tiempo en el aire; de hecho, pueden dormir mientras vuelan.

RINO RECARGADO

Los rinocerontes negros son criaturas enormes, pero sorprendentemente veloces. Pueden girar muy rápido y alcanzar una velocidad de 55 km/h.

VELOCIDAD EN SEIS PATAS

Los escarabajos tigre son cazadores realmente feroces con largas patas. Si se les compara en tamaño con los seres humanos, es como si pudiéramos correr a 770 km/h.

PATEADORES ASESINOS

Los avestruces son las aves más grandes del mundo. No pueden volar, pero pueden correr a 70 km/h por hasta 30 minutos. Sus extremidades son tan fuertes que pueden matar a un ser humano de una patada.

VELOCES NADADORES

El pingüino juanito no puede volar, pero es quizá el ave que nada más rápido en el mundo. Puede alcanzar una velocidad de 36 km/h y también es mejor que otros pingüinos descendiendo en las profundidades del mar.

LA RESISTENCIA DEL CANGURO

Los canguros son los únicos animales grandes capaces de dar saltos, lo cual no les impide cubrir amplias distancias. Los canguros rojos pueden mantener una velocidad de 40 km/h por cerca de dos kilómetros.

LA PALABRA CURIOSA

AERODINÁMICO

es cuando algo tiene la forma adecuada para reducir la resistencia del aire.

CAZADOR A ALTA VELOCIDAD

El halcón peregrino puede ir en picado a la velocidad del rayo para abalanzarse sobre su presa. Cuando desciende o se "inclina" de esta forma puede alcanzar la increíble velocidad de 320 km/h.

GRANDE, PERO VELOZ

Los ñus pertenecen a la familia de los antílopes. Necesitan moverse rápido para escapar de los depredadores, como los leones y los perros salvajes africanos. Los terneros pueden caminar a los pocos minutos de haber nacido y los adultos pueden alcanzar una velocidad de 80 km/h en una emergencia.

EL MÁXIMO VELOCISTA

El guepardo es el animal más rápido en tierra. En 2012, una guepardo llamada Sarah fue cronometrada en el zoológico de Cincinnati: recorrió 100 metros en 5,95 segundos. El récord de Usain Bolt en la misma distancia es de ¡9,58 segundos!

PEZ VELOZ

Es difícil medir la velocidad de los peces, pero se ha estimado que el pez vela viaja en el agua casi a la misma velocidad que un guepardo en tierra. Puede aplanar la enorme aleta sobre su lomo para ser aún más aerodinámico.

HOGARES INGENIOSOS PARA HUMANOS

CASAS EN LOS ÁRBOLES

La tribu koroway, en Papúa, Indonesia, construye casas en los árboles a treinta metros de altura, en la jungla. Subir las escaleras significa trepar por un tronco de árbol con muescas.

PALACIO EN EL CIELO

El impresionante palacio de verano en Wadi Dhahr, Yemen, fue construido en la cima de una enorme roca en la década de 1920. ¡El propietario podía ver todo lo que estaba bajo él!

CASAS SOBRE UN LAGO

Las casas en el lago Inle, en Birmania (o Myanmar), están hechas de bambú y se alzan como islas sobre pilotes de madera en el agua. Tienen jardines y cultivos flotantes. Allí, los niños aprenden a nadar antes que a caminar.

CASAS PORTÁTILES

Los nómadas de Mongolia han vivido en yurtas por miles de años. Estas tienen entramados de madera de sauce o abedul, cubiertos con fieltro grueso. Pueden guardarse y montarse muy rápido.

VIVIENDA EN EL LECHO MARINO

Las casas para humanos en el lecho marino son un sueño del futuro. La mayoría de las personas que han pasado algún tiempo viviendo en las profundidades del mar son científicos en unidades especiales de investigación y exploración.

TROGLODITA

es alguien que vive en una cueva.

EL MONASTERIO COLGANTE

Este es un templo en China que fue construido en lo alto de un acantilado. Parece que se va a caer en cualquier momento, pero lleva allí al menos 1500 años.

CASAS CUEVA

En el valle del Loira, Francia, hay muchas casas de trogloditas talladas directamente en la roca. Algunas de ellas se han convertido en hoteles, cavas de vinos y restaurantes.

PUEBLO MADRIGUERA

En el sur de Australia hay un pueblo minero llamado Coober Pedy que extrae ópalo. Hace tanto calor en verano, que los mineros que viven allí han construido cómodas casas bajo tierra. Las llaman "cuevas".

VIVIENDAS EN EL DESIERTO

En un lugar llamado Matmata, en Túnez, al norte de África, las personas han cavado casas increíbles bajo el desierto. Son frescas durante el día y se mantienen calientes durante las frías noches del desierto.

VIDA DESCONECTADA

Algunas personas tratan de vivir en casas que no cuentan con electricidad ni suministros de gas o agua. En su lugar, usan paneles solares, turbinas eólicas y aguas lluvias. ¡Para estar realmente desconectado también debes renunciar al teléfono móvil y al Internet!

ENERGÍA PARA EL PLANETA

ENERGÍA SOLAR

El calor y la luz del sol tardan ocho minutos en llegar a la Tierra. Las plantas usan la energía de la luz solar para producir su propia comida.

GASES DE EFECTO INVERNADERO

El petróleo, el carbón y el gas no durarán para siempre. Quemarlos produce un gas llamado dióxido de carbono que atrapa el calor del sol cerca de la Tierra y crea lo que se conoce como efecto invernadero. Nuestro clima parece estar cambiando debido a esto y debemos encontrar la forma de frenarlo.

ENERGÍA DE LAS MAREAS

Las mareas cambian dos veces al día y el movimiento del agua puede emplearse para hacer funcionar generadores que producen electricidad sin que surjan gases dañinos.

LA ENERGÍA DEL AGUA

Para producir hidroelectricidad se construye una presa en un río o lago y luego se fuerza el agua a bajar por túneles para hacer girar las turbinas y generar electricidad. No se producen gases dañinos, pero la construcción de una presa cambia por completo el medio ambiente que la rodea.

COMBUSTIBLES FÓSILES

Los combustibles fósiles, como el petróleo, el carbón y el gas, se formaron hace millones de años, a partir de los restos de animales y plantas muertas. Usarlos para producir electricidad y combustibles para automóviles genera contaminación y el efecto invernadero.

ENERGÍA EÓLICA

Una turbina eólica tiene hélices que giran con el viento para impulsar una máquina llamada generador, que puede producir electricidad. Estas turbinas no generan gases de efecto invernadero, pero requieren mucho viento y a algunas personas no les gusta cómo se ven cerca de sus casas.

LAS PALABRAS CURIOSAS

RENOVABLE

se refiere a la energía que proviene de cosas que no se agotan, como el sol o el mar.

NO RENOVABLE

se refiere a la energía que proviene de recursos que se acabarán. No podemos producir más de ellos.

ENERGÍA NUCLEAR

El mineral del uranio se convierte en un metal que puede producir grandes cantidades de electricidad. La desventaja es que produce desechos radiactivos muy peligrosos que deben almacenarse con mucho cuidado.

ENERGÍA SOLAR

Los paneles solares, o módulos fotovoltaicos, producen electricidad a partir de la energía solar. El sol no se agotará pronto, pero es costoso construir centrales de energía solar y los paneles no pueden funcionar si el cielo está nublado.

FRACTURACIÓN HIDRÁULICA

Se inyecta agua, arena y químicos en rocas de lutita para "fracturarlas" y liberar el petróleo y el gas que contienen. Este proceso resulta preocupante porque los productos químicos pueden ser dañinos, los procesos requieren grandes cantidades de agua y pueden causar temblores de tierra.

ENERGÍA DE BIOMASA

Puede producirse electricidad al quemar madera, plantas o basura vieja. Es una buena forma de emplear los residuos, pero la quema genera gases de efecto invernadero. Cultivar árboles para quemarlos también requiere mucho espacio, que podría emplearse para la agricultura y alimentar a las personas.

EFECTOS ESPECIALES EN EL CIELO

ECLIPSE SOLAR

En ocasiones, la Luna oculta la luz del sol. Un eclipse total significa que toda la luz está bloqueada y que el cielo se oscurece; todo lo que puedes ver del Sol son gases blancos que brillan como un halo alrededor del círculo negro formado por la Luna. Recuerda que jamás debes ver el Sol sin proteger tus ojos.

RAYO ARAÑA

Esta clase de rayo parece salir de una nube durante una tormenta. Se extiende por el cielo como las ramas de un árbol. También se conoce como rayo yunque. Las nubes yunque, o cumulonimbos, son nubes de tormenta.

ARCOÍRIS DE NIEBLA

Parecen los fantasmas de los arcoíris. Son casi blancos y no tienen colores como los arcoíris porque las gotas de agua en la niebla y la neblina son muy pequeñas para descomponer la luz en colores.

ESTELAS

Son nubes de cristales de hielo hechas por el ser humano que se forman cuando las gotas de agua en el aire se condensan y se congelan en partículas en el escape de un avión. Algunas duran más que otras.

LA PALABRA CURIOSA →

CREPÚSCULO

es el momento del día justo después de la puesta del sol. Otras palabras para esto son "ocaso" o "anochecer".

LA VÍA LÁCTEA

La Vía Láctea es nuestra galaxia-hogar. Hay miles de millones de galaxias en el universo con un inmenso número de estrellas en cada una. En las noches despejadas y oscuras es posible ver la Vía Láctea: parece una banda ancha de polvo blanco que se extiende por el cielo.

AURORA BOREAL

Es un espectáculo maravilloso de luces de colores en el cielo nocturno, también conocido como luces del norte, ya que es más común en las regiones árticas. Son causadas por pequeñas partículas provenientes del Sol que chocan con la atmósfera de la Tierra muy arriba sobre el polo norte.

HALO LUNAR

Los cristales de hielo en las nubes que están muy arriba sobre la Tierra pueden hacer que la Luna parezca tener un halo a su alrededor. Un halo lunar puede ser a veces una señal de que se aproxima una tormenta.

ECLIPSE LUNAR

Sucede cuando la Tierra se interpone entre el Sol y la Luna. Se puede ver la sombra de la Tierra cruzando la Luna; esta se ve más oscura y rojiza, pero no desaparece por completo.

PILARES DE LUZ

Estas columnas de luz se extienden hacia arriba o abajo desde fuentes luminosas, incluyendo el Sol, la Luna e incluso los faroles. Ocurren cuando la luz rebota en los cristales de hielo que hay en el aire.

NUBES EXTRAÑAS

Las nubes noctilucentes o mesosféricas polares son las nubes más altas de la Tierra. Se forman de cristales de hielo y polvo cerca del límite con el espacio. Aparecen después del atardecer y se ven muy extrañas con sus ondas azules que brillan en el cielo.

INGREDIENTES INESPERADOS

ÁRBOLES → PAPEL

La mayor parte del papel que utilizamos está hecha de árboles. La madera se corta, se remoja y se muele hasta que se convierte en pulpa. Esta se trata con químicos y tintes antes de prensarse y deshidratarse en capas de papel. Las capas se enrollan y se cortan a la medida.

ARENA → VIDRIO

La arena se mezcla con otros ingredientes, como soda y lima, y luego se calienta a altas temperaturas. Esto la convierte en un líquido que puede moldearse o soplarse en muchas formas, desde ventanas hasta hermosos adornos de vidrio.

PETRÓLEO → MAQUILLAJE

El petróleo crudo es un combustible fósil que tiene muchos usos. Se convierte en gasolina, diésel y combustible para aviones. Los productos químicos del procesamiento del petróleo también se emplean para hacer muchos productos de belleza, como cremas para la piel y maquillaje.

ALGA → DENTÍFRICO

¿Alguna vez has tenido que exprimir el dentífrico fuera de su tubo? Para lograr el espesor correcto en este producto se añade el carragenano, un compuesto que contienen las algas. También se añaden extractos de algas al helado para hacerlo más suave y evitar que se formen cristales de hielo.

LÍQUIDO DEL ÁRBOL → NEUMÁTICOS

El líquido de los árboles de caucho se llama látex. Al cortarlos, se recoge el látex blanco lechoso que fluye en pequeños recipientes. Puede emplearse para hacer muchas cosas útiles, como neumáticos, mangueras, bandas de goma, guantes ¡y patitos para la hora del baño!

MANUFACTURA

proviene de dos palabras latinas: *manus* = mano, *facere* = hacer. Hoy en día, la mayor parte de la manufactura se realiza en fábricas.

DIAMANTES → TALADROS

Los diamantes son extremadamente duros y no se derriten con facilidad. Esto significa que se pueden emplear como cabezales de perforación para atravesar rocas, ladrillos y concreto, por ejemplo, en plataformas petrolíferas.

CAPULLOS DE GUSANOS → SEDA

La seda es una hermosa tela tejida con un inusual hilo que proviene de los capullos de los gusanos de seda. En realidad, estos no son gusanos, sino las orugas de las mariposas de seda, que mastican hojas de morera antes de hilar sus capullos de hilo fino.

INSECTOS → DULCES ROJOS

La próxima vez que te metas un dulce rojo en la boca piensa cómo adquirió su color. Los colorantes alimentarios rojos, también llamados carmín, están hechos con insectos molidos. Se añaden a muchos alimentos y cosméticos de color rojo o rosado.

PLATA → VENDAJES

La plata es muy buena para combatir bacterias que causan infecciones. Por ello, muchos instrumentos médicos contienen plata. Por ejemplo, los vendajes contienen una pequeña cantidad de plata que puede ayudar a que las heridas sanen más rápido.

CURIOSIDADES GALÁCTICAS

TELESCOPIOS ESPACIALES

Estos satélites se emplean para observar los planetas y las estrellas. El telescopio espacial Hubble puede ver más lejos en el espacio que los telescopios terrestres, pero su lanzamiento fue difícil y costoso; además, si algo sale mal, solo un astronauta puede repararlo.

SONDAS ESPACIALES

Las sondas espaciales no tienen humanos a bordo. Pueden viajar por años a otros planetas o lunas para recolectar y enviar información científica a la Tierra. Algunas sondas espaciales entran en la órbita de otros planetas, algunas aterrizan en ellos y otras abandonan el sistema solar para explorar el espacio lejano.

METEOROS

Hay pequeños trozos de roca en el espacio llamados meteoroides. Cuando llegan a la atmósfera de la Tierra, se calientan mucho y se queman: parecen increíbles fuegos artificiales en el cielo. Estos se conocen como meteoros o, a veces, como estrellas fugaces.

SATÉLITES ARTIFICIALES

Estos son lanzados al espacio mediante cohetes. Orbitan o giran alrededor de la Tierra y se emplean para comunicar, enviar señales de televisión y teléfono, observar el clima, ayudarnos a navegar por el planeta ¡y espiar!

METEORITO

Cuando un meteoro golpea la Tierra se llama meteorito. Algunos dejan enormes huecos, llamados cráteres, en el suelo. En Arizona, Estados Unidos, hay un gran cráter de más de un kilómetro de ancho.

CELESTE

es una palabra que se emplea para describir cosas que se encuentran en el cielo o en el espacio exterior. Los planetas y las estrellas son cuerpos celestes.

AGUJEROS NEGROS

Se pueden formar después de que una estrella ha explotado. Son bolas de gas muy compactas que tienen una fuerza de gravedad tan potente que incluso succionan la luz.

NEBULOSAS

Son enormes nubes de gas en el espacio en las cuales nacen las estrellas. Las estrellas son enormes bolas de gas ardiente. A medida que las estrellas se vuelven más grandes, la nebulosa empieza a brillar. La estrella más cercana a la Tierra es el Sol.

GIGANTE ROJA

Las estrellas arden por miles de millones de años, pero luego empiezan a quedarse sin gas. Entonces, su color cambia de blanco a rojo, se vuelven más grandes y se convierten en gigantes rojas.

SUPERNOVA

Otras gigantes rojas se vuelven más y más grandes hasta que se produce una gigantesca explosión conocida como supernova.

ENANA BLANCA

Algunas gigantes rojas se encogen lentamente y se convierten en estrellas llamadas enanas blancas.

COMETAS

Son grandes bolas de hielo sucio que pueden llegar a medir varios kilómetros de diámetro. Si se acercan al Sol, su hielo se derrite y crea una cola de polvo y gas. El cometa Halley puede verse desde la Tierra cada 75 o 76 años. Su próxima visita será en 2061.

TECNOLOGÍA EN LA CIUDAD

Burj Khalifa

ASCENSORES

Los primeros ascensores eléctricos para personas se inventaron en el siglo XIX, cuando los edificios se volvieron más altos. El edificio Taipei 101, en Taiwán, tiene un ascensor tan veloz que puede ir del piso 5.º al 89.º en 37 segundos.

EL PRIMERO EN ROMPER EL RÉCORD

El Empire State Building de Nueva York era el edificio más alto del mundo cuando se construyó en 1931. El pararrayos que protege el edificio es alcanzado por unos 23 rayos al año.

MONORRIELES

Son trenes que usan un solo riel o camino de concreto. Por lo general se desplazan más arriba del nivel de la calle, lo que implica que evitan los embotellamientos en ciudades concurridas. Además, son más fáciles de construir que nuevas líneas subterráneas de metro.

RASCACIELOS

Los rascacielos se construyen con una estructura de acero muy resistente que soporta el enorme peso del edificio. Este "esqueleto" está anclado muy profundo en el suelo. Las vigas de acero forman los pisos entre las columnas del mismo material.

DISEÑO POR COMPUTADOR

Como muchos de los raros edificios modernos, el Gherkin, en Londres, fue construido usando un diseño asistido por computador (CAD, por sus siglas en inglés, computer-aided design). Este ayuda a los arquitectos, quienes planifican los edificios, a comprobar si sus ideas funcionarán.

RESISTENTE AL VIENTO

Se tuvieron que realizar más de cuarenta pruebas de túneles de viento para asegurarse de que el Burj Khalifa, en Dubái, resistía el viento. La torre tiene 828 metros de alto y cuenta con una piscina en el piso 76.º.

INFRAESTRUCTURA

es la palabra que se emplea para describir los sistemas de carreteras, edificios, energía y comunicaciones que permiten que una ciudad funcione.

ESCALERAS ELÉCTRICAS

Las escaleras eléctricas transportan a las personas arriba y abajo en los centros comerciales, las estaciones de metro y en otras grandes edificaciones. En el metro de Moscú hay una escalera eléctrica tan larga que no puedes ver dónde termina desde la parte inferior. Toma tres minutos hacer el recorrido: el tiempo que tardas en freír un huevo.

VIDRIOS AUTOLIMPIABLES

Muchos rascacielos modernos tienen ventanas con vidrios autolimpiables. Los vidrios tienen un revestimiento especial que impide que se les pegue la mugre.

LUCES INTELIGENTES

Muchas ciudades ahora usan una clase de bombilla llamada LED en las farolas. No consumen mucha energía y duran bastante tiempo. Las luces modernas también pueden programarse para encenderse cuando hay personas y tráfico, y apagarse cuando la calle está vacía.

CIUDADES INTELIGENTES

Las farolas también pueden tener otros dispositivos conectados llamados sensores. Estos pueden recolectar información de todo tipo, como el clima, la contaminación y el ruido.

SUBTERRÁNEOS

El primer sistema de tren subterráneo se inauguró en Londres en 1863 con trenes de vapor. La tecnología ha mejorado y ahora algunos sistemas de metro usan trenes sin conductores.

CÓMO FUNCIONAN LOS AEROPUERTOS

BOMBEROS

Los aeropuertos tienen a mano sus propios bomberos especiales. Algunos camiones de bomberos tienen brazos con boquillas que pueden atravesar el costado de un avión.

REGISTRO Y EMBARQUE

Las personas a las que les mostramos nuestros boletos se llaman agentes de servicio al pasajero. Ellos pesan y etiquetan nuestro equipaje, y también revisan nuestros pases de abordaje justo antes de subir al avión.

VETERINARIOS AEROPORTUARIOS

Los animales deben viajar en cajas especiales y, por lo general, lo hacen en la bodega de carga. Los aeropuertos cuentan con cuidadores de animales y veterinarios que se encargan de ellos.

LA PALABRA CURIOSA

AERÓDROMO

es un área de aterrizaje de aviones que no es tan grande como un aeropuerto. Por lo general, solo lo usan aeronaves pequeñas.

FUNCIONARIO DE ADUANAS

Estos oficiales verifican que los pasajeros no entren nada prohibido o ilegal al país. Registran el equipaje y reciben ayuda de perros rastreadores.

OPERACIONES EN LA PISTA

Las personas que trabajan en las pistas de aviones se encargan de que estas sean seguras. Revisan que no haya baches, limpian el hielo y la nieve, y ahuyentan a las aves con ruidos fuertes.

CONTROL DEL TRÁFICO AÉREO

Los controladores se sientan en una torre de control y les dan instrucciones a los pilotos relacionadas con su ruta, velocidad y altura. Trabajan las 24 horas del día y no pueden cometer errores.

SERVICIOS TERRESTRES

Los agentes de rampa manejan montañas de maletas a diario y las transportan hacia o desde los aviones. También dirigen los aviones dentro y fuera de las zonas de estacionamiento.

OFICIALES DE INMIGRACIÓN

Todo aeropuerto internacional tiene oficiales de inmigración que revisan los pasaportes de los pasajeros. Pueden preguntarles a estos por qué están viajando a un país y deben estar atentos a cualquier comportamiento sospechoso.

SEGURIDAD

Los oficiales de seguridad del aeropuerto revisan las maletas con rayos X para asegurarse de que no contengan elementos peligrosos, como cuchillos, armas o bombas. También les piden a las personas pasar por puertas especiales que detectan metal.

TRIPULACIÓN DE CABINA Y PILOTOS

En un avión hay, por lo general, dos pilotos: un capitán y un primer oficial. Los auxiliares de vuelo o tripulación de cabina se ocupan de los pasajeros.

EL KIT DEL PINTOR

PINTORES RUPESTRES

Nadie sabe con certeza por qué los humanos prehistóricos hicieron pinturas rupestres (en cuevas). Hacían las pinturas con rocas y tierra de color rojo, amarillo, negro y café. Probablemente empleaban huesos huecos para soplar la pintura en los muros y a veces usaban sus manos como plantillas.

ACUARELAS Y GUACHE

Las acuarelas son pinturas transparentes a base de agua que vienen en tubos o en bloques sólidos, llamados pastillas. Son ideales para pintar usando varias capas de color. El guache es similar, pero a los pigmentos se les añade tiza para que sean opacos en lugar de transparentes.

PINTURA CON HUEVO

Antes de inventararse los óleos, se usaba una especie de pintura de secado rápido llamada pintura al temple o témpera. Se hacía con una mezcla de colores molidos (pigmentos) y yema de huevo. Debían estar recién hechos al momento de utilizarlos.

KIT PORTÁTIL

Las primeras pinturas al óleo debían prepararse cada vez que se necesitaban. En la década de 1840 se inventaron los óleos en tubos metálicos. Con caballetes plegables y lienzos pequeños, los pintores podían pintar donde quisieran, especialmente al aire libre, en el campo.

LIENZOS Y OTRAS SUPERFICIES

Un lienzo está hecho de tela de algodón natural o lino que, por lo general, se estira sobre un marco de madera. Los pintores también pintaban en muros, madera, papel y, en ocasiones, sobre metal, vidrio, losas ¡e incluso sobre ellos mismos!

PINTURAS AL ACEITE

En el siglo XVI, los artistas usaban pinturas hechas con aceite de linaza o de nuez y colores. La pintura al óleo se demora en secar y es ideal para pintar sobre lienzo. Puede emplearse para obtener delicados sombreados o maravillosos efectos gruesos y grumosos.

ESPÁTULAS Y PINCELES

Los pinceles están hechos con toda clase de pelo animal o artificial. Los pinceles de cerdas son mejores para pintar al óleo, mientras que se necesitan pinceles finos y suaves para las acuarelas. La espátula sirve para mezclar la pintura y para poner óleo sobre el lienzo.

LA PALABRA CURIOSA

CLAROSCURO

es una palabra que proviene del italiano y se usa para describir los efectos de contraste entre la luz y la sombra en una pintura.

ARTE EN LA PANTALLA

La tecnología moderna permite usar tabletas para crear pinturas. Es sencillo para los artistas realizar cambios y alterar el color a medida que avanzan.

¡SIN PINTURA!

Algunos artistas modernos, como Picasso, hacen obras usando toda clase de materiales, como trozos de periódicos, catálogos, cuerdas y lazos viejos. Un artista llamado Anselm Kiefer usa paja, barro e incluso diamantes, además de pinturas, para crear sus obras.

MEGAMÁQUINAS

SUPERTANQUEROS

Son los buques más grandes del mundo. Atraviesan los océanos llevando cargas líquidas, como petróleo. ¡Son tan grandes que pueden necesitar más de diez kilómetros para frenar!

CRUCEROS

Los cruceros más grandes son como pequeñas ciudades flotantes para varios miles de turistas. Tienen restaurantes, tiendas, cines, teatros, canchas de tenis, spas y piscinas.

AUTOBUSES ARTICULADOS

Son como dos autobuses unidos. Solo requieren un conductor y pueden transportar a muchas personas en ciudades y pueblos concurridos. ¡Actualmente se están inventado autobuses aún más largos!

CAMIONES ARTICULADOS

Los camiones más grandes tienen el motor separado y una cabina para el conductor. Estos se conocen como tractores. En la parte de atrás se pueden enganchar toda clase de remolques para llevar cargas. Algunos son enormes.

GRÚAS DE CARGA

Los contenedores, enormes cajas de metal, se emplean para transportar todo tipo de mercancías alrededor del mundo. Grúas gigantes los suben y bajan de los barcos cargueros.

GRÚAS TORRE

Estos gigantes son fundamentales para levantar los materiales pesados que se utilizan para construir rascacielos. El operador de la grúa se sienta en una pequeña cabina a una gran altura del suelo.

PERFORADORAS GIGANTES

Se emplean para hacer túneles de nuevas líneas de tren y rutas bajo ríos o a través de montañas. Algunas de estas poderosas máquinas tienen baño y cocina para la tripulación.

MEZCLADORAS GIGANTES

Se necesitan cargas de concreto en las obras de construcción. Para ello, las mezcladoras traen arena, cemento y grava de una fábrica. El tambor se mantiene girando mientras hace el recorrido para mezclar el concreto y evitar que se endurezca.

EXCAVADORAS

Estas poderosas megamáquinas se utilizan para hacer zanjas y agujeros, así como para limpiar tierra y escombros. El conductor se sienta en una cabina que puede girar en círculos.

LA PALABRA CURIOSA

MECÁNICO

es una palabra que se usa para describir la forma como funcionan los motores y las máquinas.

LA ESCRITURA ALREDEDOR DEL MUNDO

ALFABETOS

Un alfabeto es una forma de escribir lo que decimos (nuestro idioma), usando letras para cada sonido. La palabra "alfabeto" proviene de las dos primeras letras del alfabeto de la antigua Grecia: alfa (= a) y beta (= b).

ALFABETO FENICIO

Hace unos tres mil años, los fenicios que vivían alrededor del mar Mediterráneo crearon un alfabeto de 22 letras. Era mucho más sencillo de usar que otras formas de escritura tempranas. A partir de este, se desarrollaron los alfabetos griego, romano, árabe y hebreo.

ESCRITURA ROMANA

Los romanos usaban un alfabeto similar al griego. Lo difundieron a medida que se fueron extendiendo por Europa. En la actualidad, este alfabeto se sigue usando en Gran Bretaña, Francia, Italia, España, Portugal y muchos otros países.

GRIEGO ANTIGUO

Los antiguos griegos mejoraron el alfabeto fenicio al incluir letras para los sonidos de las vocales (a, e, i, o, u). Esto hizo que todo fuera mucho más fácil de entender. Sin embargo, todavía no tenían comas ni puntos ¡y no había espacios entre las palabras!

```
A B C D E F
G H I K L M
N O P Q R S
T V X Y Z
```

Inglés	Hello
Francés	Bonjour
Español	¡Hola!
Italiano	Ciao
Portugués	Olá

Hola
marhaba
مرحبا

ÁRABE

El árabe se escribe y se lee de derecha a izquierda en una página. Se usa en todo el mundo árabe, en países como Argelia, Egipto, Arabia Saudita e Irak.

MANUSCRITO

proviene del latín *manus*, "mano", y *scriptum*, "escritura". Un manuscrito era un libro escrito a mano antes de la invención de la imprenta.

Hola
zdravstvuj
здравствуй

Hola
shalom
שלום

ALFABETO CIRÍLICO

Este alfabeto surgió a partir del alfabeto griego. Es empleado por personas en países como Rusia, Bulgaria y Serbia para escribir sus idiomas.

Hola
namasté
नमस्ते

HEBREO

Al igual que el árabe, el hebreo se escribe y se lee de derecha a izquierda. Es el idioma utilizado en Israel y por los judíos alrededor del mundo.

ALFABETO DEVANAGARI

Este es el alfabeto principal del norte de India y se utiliza para escribir en hindi y otros idiomas indios. También se le llama alfabeto nagari.

Hola
annyeonghaseyo
안녕하세요

Hola
ni hao
你好

ESCRITURA COREANA

El coreano se escribe usando caracteres para cada sílaba de cada palabra. Se dice que, en el siglo XV, el rey Sejong de Corea inventó este sistema de escritura llamado Hangul, una palabra de dos sílabas que se escribe así:

CARACTERES CHINOS

El chino es una de las formas de escritura más antiguas que aún se usan. Utiliza caracteres en lugar de las letras de un alfabeto. Estos caracteres representan cosas o ideas. Los niños chinos deben aprender miles de estos caracteres en el colegio.

HANGUL = **한글**

JUGUETES A TRAVÉS DEL TIEMPO

TEDDIES ABRAZABLES

El oso de peluche, también conocido como oso Teddy, se llama así en honor al presidente estadounidense Theodore (o Teddy) Roosevelt, quien se rehusó a dispararle a un oso mientras estaba de cacería en 1902. Los jugueteros comenzaron a hacer osos Teddy ¡y todo el mundo quiso uno!

CANICAMANÍA

Los niños romanos tenían canicas hechas de vidrio, cerámica o nueces pulidas. Más recientemente, cuando se inventaron las "tijeras para vidrio", en 1846, las canicas se empezaron a fabricar con trozos cortados de largas varillas de vidrio.

YOYÓS ANTIGUOS

Los yoyós han existido desde hace mucho tiempo. Incluso los antiguos griegos los usaban. Hacia 1789, el yoyó se puso de moda en Europa, cuando empezó a llamarse *quiz*.

MAPAS ROMPECABEZA

Los primeros rompecabezas fueron mapas pegados a tablas de madera y cortados en piezas. En 1870 se inventó un tipo de sierra llamada caladora, que podía cortar piezas de rompecabezas con las formas curvas más complejas que podemos ver hoy en día.

CASAS DE RICOS

Las primeras casas de muñecas, creadas en la década de 1550, se conocieron como "casas de bebés". Los adultos ricos las usaban para mostrar sus bellos tesoros miniaturas. Por fortuna, durante el siguiente siglo, los jugueteros empezaron a fabricar casas de muñecas para niños.

LA PALABRA CURIOSA

ARCTOFILO

es alguien que ama los ositos de peluche y le gusta coleccionarlos.